Todo tipo de amigos

Mis amigos tienen autismo

por Kaitlyn Duling

Bullfrog en español

Ideas para padres y maestros

Bullfrog Books permite a los niños practicar la lectura de texto informativos desde el nivel principiante. Las repeticiones, palabras conocidas y descripciones en las imágenes ayudan a los lectores principiantes.

Antes de leer

- Hablen acerca de las fotografías. ¿Qué representan para ellos?
- Consulten juntos el glosario de fotografías. Lean las palabras y hablen de ellas.

Durante la lectura

- Hojeen el libro y observen las fotografías. Deje que el niño haga preguntas. Muestre las descripciones en las imágenes.
- Léale el libro al niño o deje que él o ella lo lea independientemente.

Después de leer

- Anime al niño para que piense más. Pregúntele: ¿Conoces a alguien que tenga autismo? ¿Cómo podrías demostrarle tu amistad?

Bullfrog Books are published by Jump!
5357 Penn Avenue South
Minneapolis, MN 55419
www.jumplibrary.com

Library of Congress Cataloging-in-Publication Data is available at www.loc.gov or upon request from the publisher.

ISBN: 978-1-64527-009-6 (hardcover)
ISBN: 978-1-64527-010-2 (paperback)
ISBN: 978-1-64527-011-9 (ebook)

Editor: Susanne Bushman
Designer: Molly Ballanger
Translator: Annette Granat

Special thanks to the staff of the Minneapolis Southwest High School Special Ed Program

Photo Credits: Tad Saddoris, cover, 3, 8, 9, 23bl; yellowsarah/iStock, 1; ChiccoDodiFC/Shutterstock, 4, 5; AMELIE-BENOIST/BSIP/SuperStock, 6–7, 23tr; pick-uppath/iStock, 10; Monkey Business Images/Shutterstock, 10–11; Photographee.eu/Shutterstock, 12–13, 23tl; Olesia Bilkei/Shutterstock, 14; Ranta Images/Shutterstock, 15; wavebreakmedia/Shutterstock, 16–17, 23br; Veja/Shutterstock, 18–19 (table); Sorapop Udomsri/Shutterstock, 18–19 (tablet); fstop123/iStock, 20–21; dantess/Shutterstock, 22tl; Jolanta Beinarovica/Shutterstock, 22bl; IrynaL/Shutterstock, 22br; Molly Ballanger, 22tr; Special Olympics, 24.

Printed in the United States of America at Corporate Graphics in North Mankato, Minnesota.

Tabla de contenido

Igual que yo 4
Herramientas útiles 22
Glosario de las fotografías 23
Índice 24
Para aprender más 24

Igual que yo

Esta es Bea.

Ella tiene autismo.

Algunas cosas son difíciles para ella.

Ella es igual que nosotros de muchas maneras.

Jugamos. ¡Es divertido!

Las personas con autismo no son todas las mismas.

Todas tienen diferentes habilidades.

¡Igual que nosotros!

Lily agita sus brazos.

¡Ella está emocionada!

Max viste
un chaleco.

¿Por qué?

¡Le ayuda a
sentirse bien!

A Leo le molestan las luces brillantes.

Apagamos algunas.

Esto le ayuda a mi amigo.

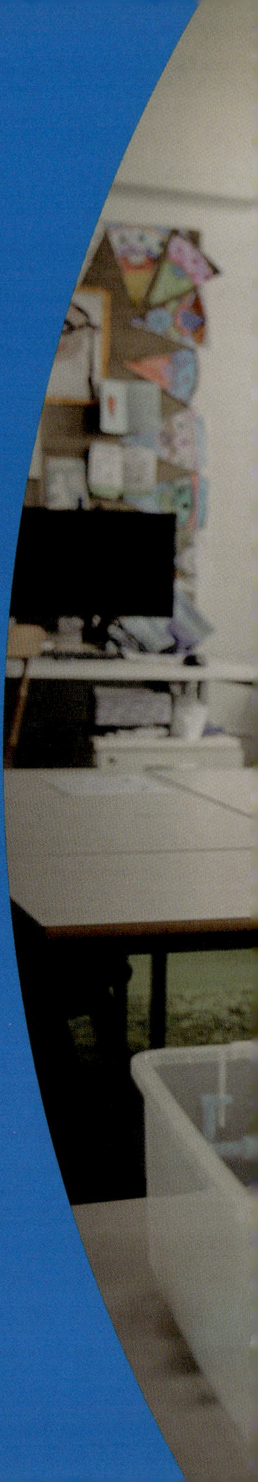

Simple Speed Sounds
f l m n r s v z sh th ng
nk
b c d g
k
ch
a e
oo oo ar
oy

asistente

Ron tiene una asistente.

Ella es su ayudante.

Ella le ayuda a aprender.

¡Qué bonito!

Mac puede ser callado.

No me mira a los ojos.

Los cuartos ruidosos
le molestan.

Hablamos calladamente.

Trabajamos juntos.

Usamos la tableta de Tom.

tableta

sí
baño
tomar
comer
no
sentarse
jugar
dormir
alto
pararse
mirar
escuchar

Tom pulsa la pantalla.

La usa para que
nos hable.

La tableta dice:
"¡Juguemos!"

¡Genial!

Todos somos diferentes.

¡Todos somos amigos!

Herramientas útiles

auriculares
Los auriculares bloquean los ruidos y nos ayudan con el enfoque.

chaleco con peso
Los chalecos con peso son cómodos y ayudan con el enfoque.

juguetes sensoriales
Los juguetes sensoriales despiertan los sentidos y ayudan con la concentración.

tableta
Las tabletas ayudan a las personas con autismo a comunicarse con sus amigos y su familia.

Glosario de las fotografías

asistente
Un adulto que ayuda en el salón de clases o en el hogar.

autismo
Una condición que puede causar una serie de desafíos en la comunicación y el comportamiento.

chaleco
Una pieza de ropa sin mangas, que a veces tiene peso y se usa para reconfortar a las personas con autismo.

tableta
Una computadora plana con una pantalla táctil, que puedes llevar contigo.

Índice

amigo 10, 20
aprender 13
asistente 13
callado 14, 15
chaleco 9
emocionada 8
habilidades 6
jugamos 5, 19
luces 10
pantalla 19
ruidosos 15
tableta 16, 19

Para aprender más

Aprender más es tan fácil como 1, 2, 3.

1. Visite www.factsurfer.com
2. Escriba "misamigostienenautismo" en la caja de búsqueda.
3. Haga clic en el botón "Surf" para obtener una lista de sitios web.